Kinderatlas Deutschland

Schwager & Steinlein

Originalausgabe
© Schwager & Steinlein Verlag GmbH
Emil-Hoffmann-Straße 1, D-50996 Köln
Text von Sandra Noa
Illustrationen von Oliver Bieber
Satz: x-six-agency GmbH
Gesamtherstellung: Schwager & Steinlein Verlag GmbH
www.schwager-steinlein-verlag.de
Alle Rechte vorbehalten
Art. Nr. 13089
ISBN 978-3-86775-089-9

Inhalt

Deutschland in Europa

Auf der Welt gibt es sieben große zusammenhängende Landmassen. Diese Kontinente sind Nordamerika, Südamerika, Afrika, Europa, Asien, Australien und Antarktika. Sie unterscheiden sich nicht nur durch das Wetter und die Natur. Auch die

Menschen sehen anders aus und leben auf ihre eigene Art. Manche wohnen wie wir in festen Häusern, andere in Strohhütten oder Iglus. Doch eins haben alle gemeinsam: Sie wünschen sich und ihren Kindern ein glückliches Leben – ob nah oder fern.

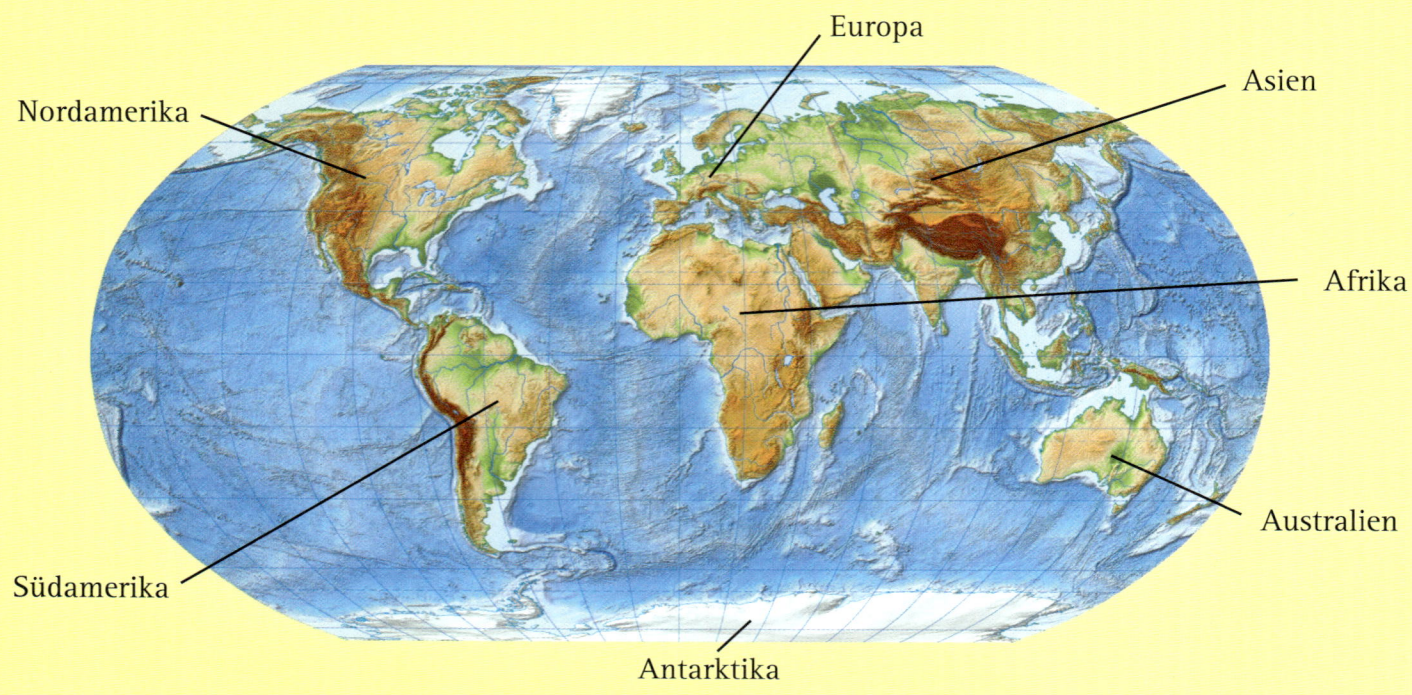

Europa
Asien
Nordamerika
Afrika
Südamerika
Australien
Antarktika

Die einzelnen Erdteile sind in Staaten unterteilt. Manche Länder liegen auf mehreren Kontinenten, so wie Russland in Europa und in Asien. Damit es in Europa nie wieder zu einem Krieg kommt, haben sich viele Staaten zur

Europäischen Union zusammengeschlossen. Fast alle sprechen eine andere Sprache und haben ihre eigene Kultur. Einige bezahlen trotzdem mit einer gemeinsamen Währung: Euro und Cent. Mittendrin befindet sich Deutschland.

Flagge
Ein Kreis aus goldenen Sternen steht für die Gemeinschaft und den Frieden zwischen den europäischen Ländern.

Göttliche Europa
Laut einer Sage verliebte sich der Götterkönig Zeus in die schöne Königstochter Europa. Er brachte sie übers Meer nach Kreta und entschied, dass der dazugehörige Kontinent für immer ihren Namen tragen sollte: Europa.

Vielfalt der Sprachen

Damit die Menschen aus den verschiedenen europäischen Ländern miteinander Politik machen können, gibt es im Parlament für jede Sprache einen eigenen Übersetzer.

Inselriese

Die größte Insel Europas ist Großbritannien. Der etwa 50 Kilometer lange Eurotunnel verbindet sie mit dem Festland.

Gute Nachbarschaft

Neun europäische Länder grenzen an Deutschland. Der größte Nachbar ist Frankreich, der kleinste das Erzherzogtum Luxemburg.

Dänemark

Niederlande

Belgien

Luxemburg

Deutsch-land

Schweiz

Frankreich

Polen

Tschechische Republik

Österreich

? Wer gab dem europäischen Kontinent der Sage nach seinen Namen?

Vorarbeit

Deutschland war 1951 eins der sechs Gründungsmitglieder der Europäischen Union. Im Jahr 2007 gehören schon 27 Staaten dazu.

Übersee

Sogar in Mittel- und Südamerika gibt es Länder, in denen mit dem Euro bezahlt wird, z. B. auf Martinique. Sie sind ehemalige Kolonien und deshalb eng mit Europa verbunden.

Deutschland

Bis zur Wiedervereinigung am 3. Oktober 1990 bestand Deutschland aus zwei Teilen: der Bundesrepublik im Westen und der Deutschen Demokratischen Republik im Osten. Zwischen beiden Staaten verlief eine bewachte Grenze. Selbst durch die jetzige Bundeshauptstadt Berlin führte eine Mauer. Heute ist Deutschland in 16 Bundesländer aufgeteilt. Jedes hat seine eigene Landeshauptstadt, Landesregierung und unzählige Sehenswürdigkeiten.

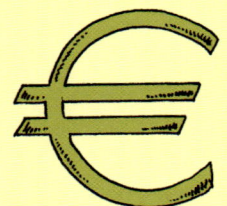

Starke Wirtschaft
Nach den USA und Japan hat Deutschland die drittstärkste Wirtschaft der ganzen Welt. Viele Produkte werden in andere Länder geliefert.

Dialekte
Obwohl alle Deutsch sprechen, gibt es manchmal Verständigungsprobleme. So heißt ein Krapfen in Berlin Pfannkuchen und in Niedersachsen Berliner.

Ehemalige Gastarbeiter
Nach dem Zweiten Weltkrieg gab es zu wenig Arbeiter in Deutschland. Deshalb kamen viele Ausländer her. Sie und ihre Kinder bereichern bis heute an vielen Orten das Stadtbild und die Kultur.

NORDSEE

HAMBURG

Lüneburg
Heide

BREMEN

Ems

HANNOVER

Weser

Rhein

Ruhr

Rothaargebirge

DÜSSELDORF

Eifel

Mosel

WIESBADEN

Spessar

Hunsrück

MAINZ

Odenwald

SAARBRÜCKEN

Neckar

STUTTGART

Schwarzwald

Schwäbische

Bodensee

OSTSEE

SCHWERIN

Mecklenburgische Seenplatte

Elbe

Oder

BERLIN

POTSDAM

MAGDEBURG

Elbe

Harz

ERFURT

DRESDEN

Thüringer Wald

Erzgebirge

Fränkische Alb

Bayerischer Wald

Donau

Isar

MÜNCHEN

Alpen

Wie heißt die südlichste Landeshauptstadt?

So liest du die Karten

Wenn du einen bestimmten Ort suchst, schaust du im Stichwortverzeichnis am Ende des Buches nach. Dort steht, auf welcher Seite du den Ort findest.

Wie viele Einwohner eine Stadt ungefähr hat, kannst du an der Größe des Punktes erkennen.

● Ort mit über 500 000 Einwohnern

● Ort mit 100 000 bis 500 000 Einwohnern

· Ort mit unter 100 000 Einwohnern

● Landeshauptstadt STADTNAME

An den Bildsymbolen kannst du die Besonderheiten einer Region ablesen. Ein Traktor bedeutet Ackerbau, ein Skiläufer, dass dort Wintersport betrieben wird.

Ackerbau

Badespaß

Fischerei

Industriestandort

Viehzucht

Wassersport

Weinbau

Wintersport

Was die Sehenswürdigkeiten, die in der Karte verzeichnet sind, genau bedeuten, erfährst du, wenn du unter der jeweiligen Nummer am Kartenrand nachschaust. Und nun viel Spaß bei deiner Entdeckungsreise!

Schleswig-Holstein und Hamburg

Vor der Küste von Schleswig-Holstein befindet sich auf Sylt der nördlichste Punkt Deutschlands. Quer durchs flache Bundesland verbindet ein Kanal die Nordsee mit der Ostsee. In der Landeshauptstadt Kiel findet jeden Sommer das größte Segelsport-Ereignis der Welt statt: die Kieler Woche.

An der Elbe liegt Hamburg. Die zweitgrößte deutsche Stadt ist gleichzeitig ein eigenes Bundesland. Wegen ihres bedeutenden Hafens wird die Hansestadt oft auch „Deutschlands Tor zur Welt" genannt.

Hünengrab

Auf Sylt, der größten deutschen Nordseeinsel, steht der Denghoog, eine 5000 Jahre alte Grabstätte aus der Steinzeit. Früher glaubte man, er sei das Grab eines Riesen.

Im Watt

Bei Ebbe verschwindet das Wasser der Nordsee und legt das Watt frei. Dort leben viele Muscheln und nützliche Würmer. Sie reinigen das Meerwasser und den Sand.

In Tracht

Einfach und praktisch, so kleideten sich die Menschen in Norddeutschland vor 200 Jahren. Nur noch wenige besitzen solche Kleider.

Hallig

Die vielen winzigen Inseln vor der Küste werden Halligen genannt. Damit die Häuser bei einer Sturmflut nicht weggespült werden, stehen sie etwas erhöht auf runden Erdhügeln.

① Sylt

Föhr

②

Amrum ④

Halligen

Husum

Friedrichstadt

Eider

⑥ Flensburg

⑦

Schleswig

⑨

Heide

Büsum

⑧ NORDSEE

Helgoland

⑤

Nord-Ostsee-Ka

Itzeh

Elbe

12

Hamburgs Speicherstadt

In den kühlen Speicherhäusern lagern Teppiche, Computer, Kakao und Gewürze, bevor sie ihre Weltreise fortsetzen. Die Backsteinhäuser sind so gebaut, dass es in ihnen immer angenehm kühl ist. Dadurch können die Waren nicht verderben.

Piraten

Die Likedeeler waren berüchtigte Seeräuber. Ihr Anführer nannte sich Störtebeker ("Stürz den Becher"), weil er sehr viel Bier trank. Unter der Bevölkerung war er als "Robin Hood der Meere" bekannt. Er teilte seine Beute nämlich nicht nur mit anderen Piraten, sondern auch mit den Küstenbewohnern.

Hamburger Hafen

Im größten Seehafen Deutschlands werden Tag und Nacht Container mit Waren aus der ganzen Welt auf- und abgeladen.

OSTSEE

Eckernförde

Fehmarn

KIEL

dsburg

(10)

(11)

(3)

(13)

Neumünster

Großer Plöner See

(12)

Trave

Bad Segeberg

Travemünde

(15)

Lübeck

(17)

(14)

(16)

horn

Mölln

HAMBURG

Elbe-Lübeck-Kanal

(18)

Rote Grütze mit Vanillesoße

Zum Nachtisch gibt es in Norddeutschland oft Rote Grütze. Wasche und entsteine 750 g Beeren. Koche sie 10 Minuten mit 100 g Zucker und 1 l Wasser. Streiche dann alles durch ein Sieb und koche es noch mal kurz auf. Rühre 70 g Speisestärke mit kaltem Wasser an und gieße sie dazu. Ein letztes Mal kochen, mit Zucker abschmecken, abkühlen lassen. Guten Appetit.

1. Denghoog auf Sylt
2. Schafe halten das Gras auf den Deichen kurz
3. Feuerschiff als schwimmender Leuchtturm
4. Leuchtturm weist Schiffen den Weg
5. Segelschulschiff Gorch Fock
6. Kompagnie-Tor in Flensburg
7. Schloss Glücksburg
8. Helgoländer Sandsteinfelsen „Lange Anna"
9. Schwebefähre über den Nord-Ostsee-Kanal
10. Kieler Hafen
11. reetgedecktes Haus
12. Seenplatte in der Holsteinischen Schweiz
13. Windrad zur Erzeugung von Energie
14. Karl-May-Festspiele in Bad Segeberg
15. Holstentor in Lübeck
16. Till Eulenspiegel-Brunnen in Mölln
17. Hamburger St.-Michaelis-Kirche, Michel genannt
18. Hamburger Hafen

Mecklenburg-Vorpommern

Meck-Pomm nennen die Norddeutschen ihr Bundesland liebevoll. Oder „Land der 2000 Seen", denn sogar die Landeshauptstadt Schwerin liegt am Wasser. An der mecklenburgischen Ostsee verläuft die längste Küste Deutschlands – mit allem was dazu gehört: endlose Traumstrände, hohe Dünen und steile Felsen. Dort oder auf einer der malerischen Inseln erholen sich zu jeder Jahreszeit viele Urlauber. Rügen ist die größte deutsche Insel und bietet Wanderern weite Ausblicke aufs Meer.

Bernstein

Von honiggelb bis dunkelbraun – Bernsteine gibt es in ganz unterschiedlichen Farben. Sie bestehen aus versteinertem Harz urzeitlicher Nadelbäume und liegen am Ostseestrand zwischen Muscheln und Donnerkeilen.

Sandburg

Aus nassem Sand wird eine prächtige Burg: einfach Eimer oder Plastikbecher füllen, festdrücken und stürzen. So entstehen spitze Türme und ganze Schlösser – den Burggraben nicht vergessen!

Kreidefelsen auf Rügen

Schneeweiß ragen die Kreidefelsen aus dem blauen Meer. Sie sind vor Ewigkeiten entstanden – zur Zeit der Dinosaurier.

Fischland-Darß-Zingst

Lübecker Bucht

Kühlungsborn

Bad Doberan

Warnemünde

Rostock

Recknitz

⑨

⑤

⑧

Poel

④

Wismar

Schweriner See

⑥

Güstrow

Mecklenburgis...

⑫

⑬ SCHWERIN

Schaalsee

Warnow

Malchow

⑰

Parchim

Plauer See

⑮ Ludwigslust

Wie wird Mecklenburg-Vorpommern noch genannt? **?**

Im Strandkorb

An der Ostsee ist es sogar bei Sonnenschein manchmal kühl. Dann schützt ein Strandkorb die ganze Familie prima vor Wind.

Kap Arkona

Rügen

OSTSEE

Pommersche Bucht

Greifswald

Ahlbeck

Peene

Usedom

Anklam

Stettiner Haff

Neubrandenburg

Tollensesee

Neustrelitz

Schloss Schwerin

Wie im Märchen sieht das Schweriner Schloss aus. Es steht mit seinen goldenen Dächern auf einer kleinen Insel und ist Sitz der Landesregierung.

Alte Stadttore

Seit dem Mittelalter umgibt eine hohe Mauer die Altstadt von Neubrandenburg. Damals konnte die Stadt nur durch eins der vier beeindruckenden Stadttore betreten werden.

Molli

Eine echte Dampflok fährt Badegäste am Ostseestrand entlang. Die Strecke führt von Bad Doberan nach Kühlungsborn und dabei sogar durch eine Fußgängerzone.

1. Kreidefelsen auf Rügen
2. autofreie Insel Hiddensee
3. Rathaus Stralsund
4. Schmalspur-Dampflok Molli
5. Klosterkirche in Bad Doberan
6. reetgedecktes Fachwerkhaus
7. Windmühle
8. „Alter Schwede" in Wismar
9. Leuchtturm Warnemünde mit „Teepott"
10. Dom St. Nikolai in Greifswald
11. Seebrücke in Ahlbeck
12. Schloss Güstrow
13. Schloss Schwerin
14. Wiekhaus in Neubrandenburg
15. Schloss Ludwigslust
16. Mecklenburgische Seenplatte
17. Fernsehfiguren im DDR-Museum in Malchow

Niedersachsen und Bremen

In der niedersächsischen Landeshauptstadt Hannover ist jedes Jahr die Computermesse CeBit zu Gast. Technik auf vier Rädern erleben die Besucher in der Autostadt Wolfsburg. Bauern ernten im Alten Land so viele Äpfel und Kirschen wie sonst nirgendwo in Europa.

Die Städte Bremen und Bremerhaven liegen 65 Kilometer auseinander, trotzdem bilden sie zusammen das Bundesland Bremen. Jede zweite Tasse Kaffee, die in Deutschland getrunken wird, kommt dort her.

EXPO-Gelände

Im Jahr 2000 fand in Hannover eine riesige Weltausstellung statt. Die Pavillons fremder Länder erinnern daran. Auf der EXPO-Plaza geben bekannte Rockbands Konzerte.

Steckenpferdreiten

Einmal im Jahr treffen sich alle Osnabrücker Kinder und reiten auf ihren Steckenpferden zum Rathaus. Danach gibt es ein großes Fest.

Die Bremer Stadtmusikanten

Im Märchen der Brüder Grimm wollen vier alte Tiere nach Bremen reisen. Dort hoffen sie auf ein besseres Leben als Musikanten.

Raumfahrt

Schwerelosigkeit gibt es nicht nur im Weltall, sondern auch im Fallturm der Raumfahrt-Experten der Uni Bremen.

NORDSEE

Cuxhaven

Wangerooge

Spiekeroog

Langeoog

Norderney

Juist

Borkum

Ostfriesland

Wilhelmshaven

Bremerhaven

Emden

Teu... m...

Papenburg

Oldenburg

BREMEN

Ems

Cloppenburg

Meppen

Vechta

Emsland

Lingen

Osnabrück

③ ② ④ ⑤ ⑥ ⑦ ⑧

Volkswagen

Der VW Golf ist das meistverkaufte Auto Europas. Es wird seit 1974 in Wolfsburg hergestellt und ständig verbessert.

Der Rattenfänger

In Hameln erzählt man sich die Sage vom Rattenfänger. Mit seiner Flöte lockte er die Ratten und alle Kinder aus der Stadt.

Grünkohl mit Pinkel

Die Menschen in Norddeutschland essen im Winter gerne Grünkohl. Dazu gibt es Kartoffeln und leckere Würste. Die heißen in Niedersachsen Bregenwurst und in Bremen Pinkel.

Auf den Flüssen Niedersachsens und Bremens fahren viele große Schiffe hinaus aufs Meer. Wie wär's mit deinem eigenen kleinen Boot? Aus ein paar Holzstücken ist es schnell gebaut. Bringe sie auf die gleiche Länge und lege sie nebeneinander. Quer darüber kommen zwei weitere Stöcke. Mit einer Schnur knotest du sie alle fest aneinander. Spieße ein Blatt auf ein dünnes Stöckchen und stecke es in die Mitte vom Mini-Floß. Schiff ahoi!

1. Alter Salzkran in Stade
2. Kugelbake in Cuxhaven
3. Krabbenkutter
4. Containerhafen Bremerhaven
5. Oldenburger Pulverturm
6. Bremer Stadtmusikanten
7. Höltingmühle im Emsland
8. Dom St. Peter in Osnabrück
9. Lüneburger Rathaus
10. Celler Schloss
11. „Max und Moritz" im Wilhelm-Busch-Museum in Hannover
12. Burg Dankwarderode in Braunschweig
13. Volkswagenwerk in Wolfsburg
14. Hildesheimer Michaeliskirche
15. Kaiserpfalz in Goslar
16. Münchhausen in Bodenwerder
17. Gänseliesel-Brunnen in Göttingen

Berlin und Brandenburg

Berlin ist die Hauptstadt und gleichzeitig auch größte Stadt Deutschlands. Umgeben ist sie von Brandenburgs einzigartiger Natur. Besonders sehenswert ist der Spreewald. Dort verzweigt sich die Spree in unzählige Flussläufe und lädt zu ausgiebigen Kahnfahrten ein.

Obwohl Brandenburg viel größer als Berlin ist, leben dort weniger Menschen. Brandenburgs Hauptstadt Potsdam erreicht man von Berlin aus mit der S-Bahn in nur 30 Minuten.

West   Ost

Lustige Ampelmännchen
Deutschland bestand 41 Jahre lang aus zwei Ländern. In dieser Zeit war auch Berlin geteilt. Immer noch gibt es unterschiedliche Ampelmännchen im Ostteil und im Westteil der Stadt.

Prignitz

① Rheinsberg •

②   • Bad Wilsnack

Elbe

Neuruppin

Wusterhausen

Fehrbellin •

Rhin

Rhin

Havelland

⑦

Havel

⑭

Brandenburg

POTS

Belzig •   ⑮

Berliner Fernsehturm
Der Fernsehturm ist mit seinen 368 Metern das höchste Gebäude Deutschlands. In seiner Kugel dreht sich ein Restaurant.

Störche im Rhinluch
Über 1000 Storchenpaare brüten jedes Jahr auf den Dächern in Brandenburgs Dörfern. Sogar in einem alten Trabant haben sie ein Nest.

Auf dem Dach der Politik
Im Berliner Reichstag wird Politik gemacht. In der gläsernen Kuppel können Besucher spazieren gehen und den tollen Ausblick genießen.

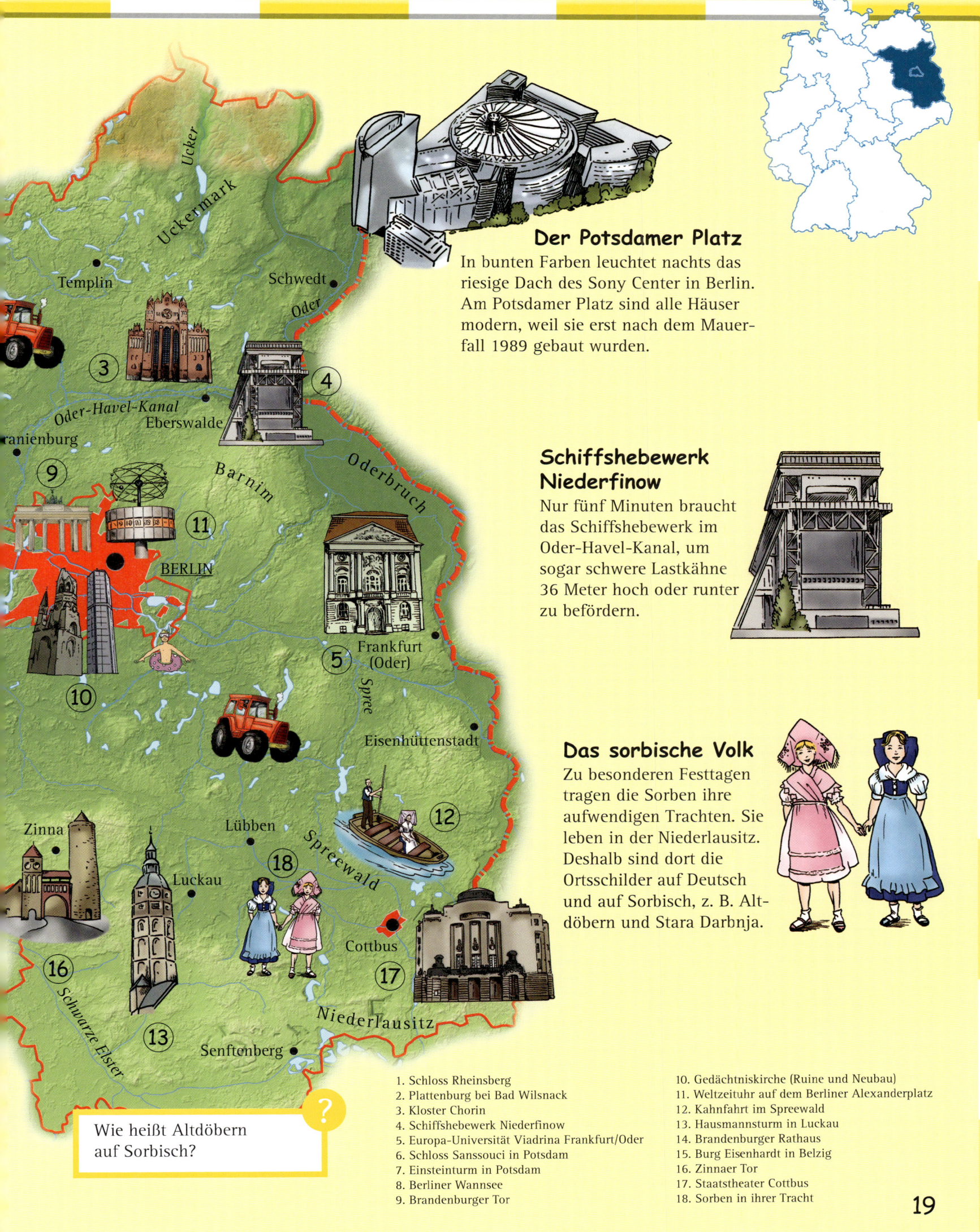

Der Potsdamer Platz

In bunten Farben leuchtet nachts das riesige Dach des Sony Center in Berlin. Am Potsdamer Platz sind alle Häuser modern, weil sie erst nach dem Mauerfall 1989 gebaut wurden.

Schiffshebewerk Niederfinow

Nur fünf Minuten braucht das Schiffshebewerk im Oder-Havel-Kanal, um sogar schwere Lastkähne 36 Meter hoch oder runter zu befördern.

Das sorbische Volk

Zu besonderen Festtagen tragen die Sorben ihre aufwendigen Trachten. Sie leben in der Niederlausitz. Deshalb sind dort die Ortsschilder auf Deutsch und auf Sorbisch, z. B. Altdöbern und Stara Darbnja.

Wie heißt Altdöbern auf Sorbisch?

1. Schloss Rheinsberg
2. Plattenburg bei Bad Wilsnack
3. Kloster Chorin
4. Schiffshebewerk Niederfinow
5. Europa-Universität Viadrina Frankfurt/Oder
6. Schloss Sanssouci in Potsdam
7. Einsteinturm in Potsdam
8. Berliner Wannsee
9. Brandenburger Tor
10. Gedächtniskirche (Ruine und Neubau)
11. Weltzeituhr auf dem Berliner Alexanderplatz
12. Kahnfahrt im Spreewald
13. Hausmannsturm in Luckau
14. Brandenburger Rathaus
15. Burg Eisenhardt in Belzig
16. Zinnaer Tor
17. Staatstheater Cottbus
18. Sorben in ihrer Tracht

Sachsen-Anhalt

In Sachsen-Anhalt wird die Vergangenheit lebendig. Überall gibt es altertümliche Burgen, sagenhafte Schlösser und beeindruckende Kirchen. Doch auch Natur und Landwirtschaft prägen das waldreiche Bundesland. Die Böden in der Magdeburger Börde rund um die Landeshauptstadt Magdeburg gehören zu den fruchtbarsten in Deutschland. Und die Berghänge im Harz stehen größtenteils unter Naturschutz. Dort ragt auch der höchste Berg Norddeutschlands 1100 Meter in die Höhe: der Brocken.

Walpurgisnacht

Im Harz feiern in der Nacht auf den 1. Mai Hexen und Teufel das Ende des Winters. Sie tanzen dabei um ein großes Feuer.

? Wo wurde 1999 eine ungefähr 3600 Jahre alte Metallscheibe mit einer Darstellung des Sternenhimmels gefunden?

Ferropolis bei Dessau

Wo früher Braunkohle abgebaut wurde, befindet sich heute ein riesiger Spielplatz – nicht nur für Kinder.

Magdeburger Dom

Eigentlich heißt die Domkirche „St. Katharina und Mauritius". Schon von weitem sind ihre beiden hohen Türme zu sehen.

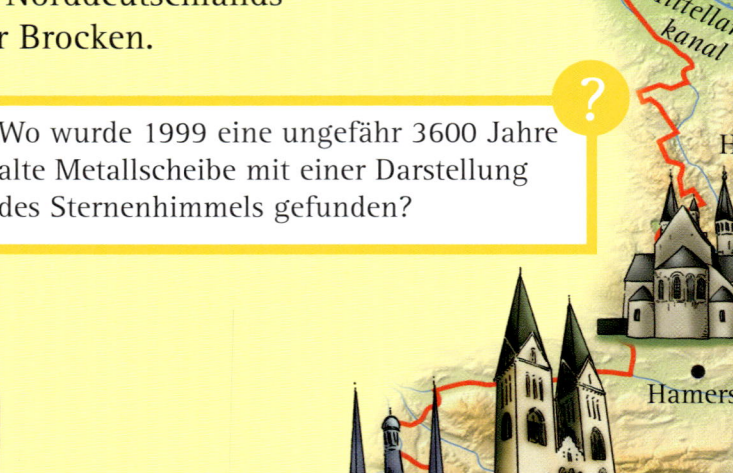

Salzwedel 1

Altma...

3

Mittelland-kanal

Haldensleben

5   6

MAGDEBURG

Hamersleben

Bode

10

Halberstadt

Wernigerode   Quedlinburg

8

Harz   9

Eisleben

7

12

Que...

18

Weltkulturerbe

In der Quedlinburger Stiftskirche St. Servatius liegt das erste deutsche Königspaar begraben. Besucher der Schatzkammer können Kostbarkeiten aus Elfenbein und Gold bewundern.

Stifterfiguren

Die lebensgroßen Figuren im Naumburger Dom erinnern an diejenigen, die den Bau durch Geld oder ihre tatkräftige Mithilfe unterstützten.

Eine moderne Kirche

Martin Luther wollte eine gerechtere Religion. Seine Änderungsvorschläge für das Christentum hängte er angeblich an die Tür der Wittenberger Schlosskirche.

Hexennacht im Harz – und du bist dabei. Bastle dein Kostüm selbst. Für den Hut bemalst du eine alte Schultüte in Blau oder Rot und beklebst sie mit Sternen und Monden. Dann noch zwei gegenüberliegende Löcher in den Rand bohren und einen Gummi dazwischen knoten. Als Umhang reicht ein langes Stück Stoff. Lege zwei Zipfel über deine Schultern und knote sie vorne zusammen! Hexenbesen in die Hand und los geht's!

Industriestandort

Firmen aus der ganzen Welt haben Fabriken in Bitterfeld-Wolfen. Sie stellen nützliche Medikamente und moderne Maschinen her.

1. Salzwedler Baumkuchen
2. Neustädter Tor in Tangermünde
3. Rolandstatue in Haldensleben
4. Uenglinger Tor in Stendal
5. Stiftskirche St. Pankratius in Hamersleben
6. Magdeburger Reiter
7. Burg Falkenstein am Fuße des Harzes
8. Rathaus von Wernigerode
9. Teufelsmauer im Harz
10. Dom zu Halberstadt

11. Martin Luther in Wittenberg
12. Burg Querfurt
13. Bauhaus in Dessau
14. Schloss Wörlitz
15. Himmelsscheibe von Nebra im Landesmuseum für Vorgeschichte in Halle
16. Merseburger Schloss
17. Stifterfiguren im Naumburger Dom
18. Rudelsburg bei Bad Kösen
19. Michaeliskirche in Zeitz

Nordrhein-Westfalen

Nordrhein-Westfalen ist das bevölkerungsreichste Bundesland. Besonders dicht zusammen liegen die großen Städte im Ruhrgebiet. Beim Durchfahren der Gegend bemerkt man gar nicht, wenn ein neuer Ort beginnt. Viele Unternehmen haben in der Landeshauptstadt Düsseldorf ihren Hauptsitz. In Duisburg liegen Schiffe im größten Binnenhafen der Welt. Sie transportieren die Rohstoffe und Produkte über den Rhein. Dieser breite Fluss ist die am häufigsten befahrene Wasserstraße Europas.

Die Kö

Auf der Düsseldorfer Königsallee – kurz Kö – reihen sich schicke Läden aneinander. Mittendrin fließt ein Wassergraben mit eigenen Fußgängerwegen daneben.

Kaiserthron

Über 30 Könige erhielten im Aachener Dom ihre Krone. Der Thron, den sie dabei bestiegen, steht dort immer noch und kann besichtigt werden.

Im Teutoburger Wald

Das Hermannsdenkmal erinnert an die Schlacht im Teutoburger Wald, bei der die Römer von den Germanen besiegt wurden. Der siegreiche Heerführer Arminius heißt auf Deutsch Hermann und gab der riesigen Statue ihren Namen.

Münsterl.

② Coesfeld   Münster

Emmerich   Rhein   Dortmund-Ems-Kan.

⑤

Ruhrgebiet   Ruhr   Dortmund

Bochum

Essen   Hag

Duisburg   ⑮

Krefeld   Wuppertal   ⑦

⑧   Solingen   ⑨   Wupper

DÜSSELDORF   Bergisches Land

⑩   Mönchengladbach

⑯   ⑫   Leverkusen

Köln   ⑭

Aachen   Erft   Rhein   Sieg

⑰   Bonn   Siebengebirge

22

Im Ruhrgebiet

Lange Zeit wurde dort Steinkohle gefördert und Stahl hergestellt. Heute gibt es stattdessen Konzerte, Ausstellungen und Museen.

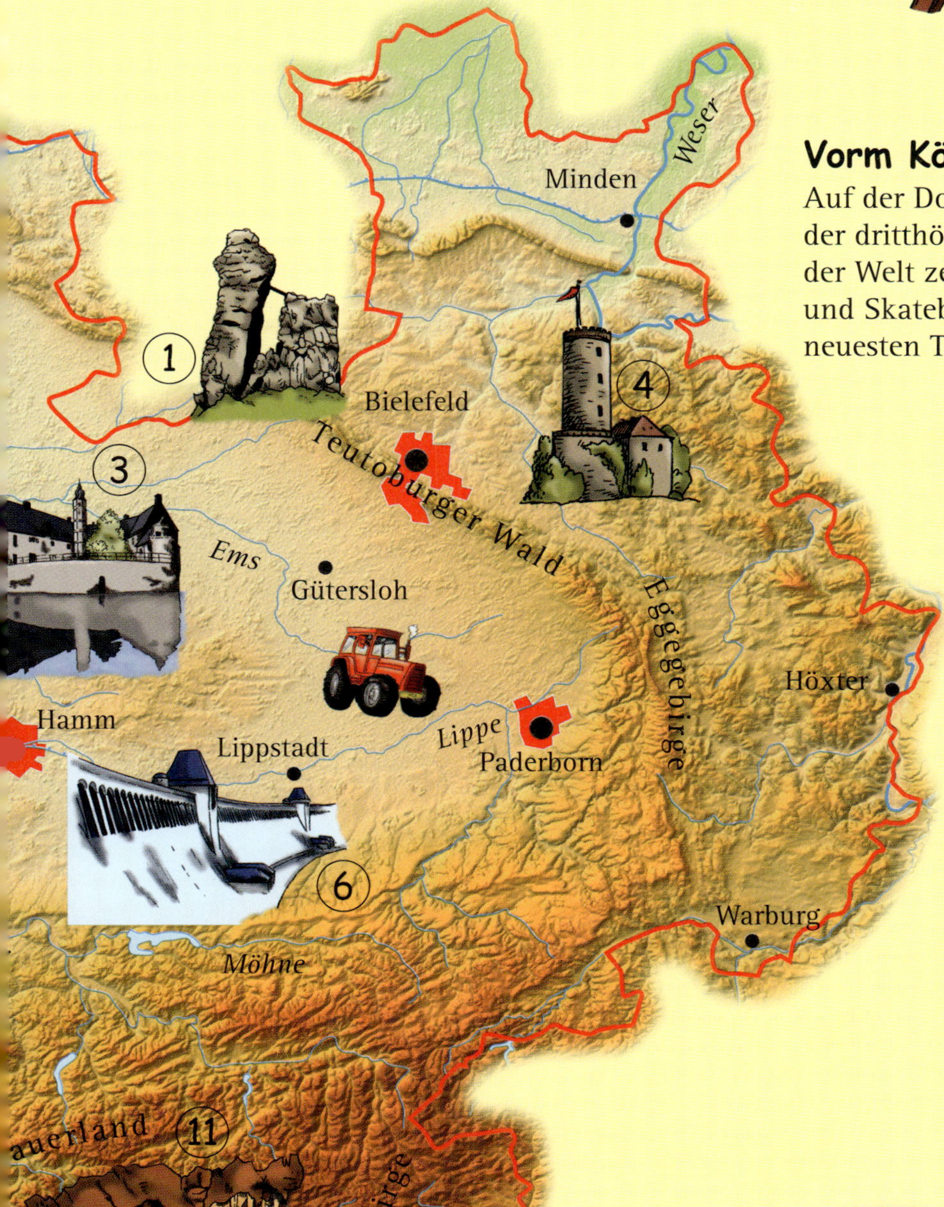

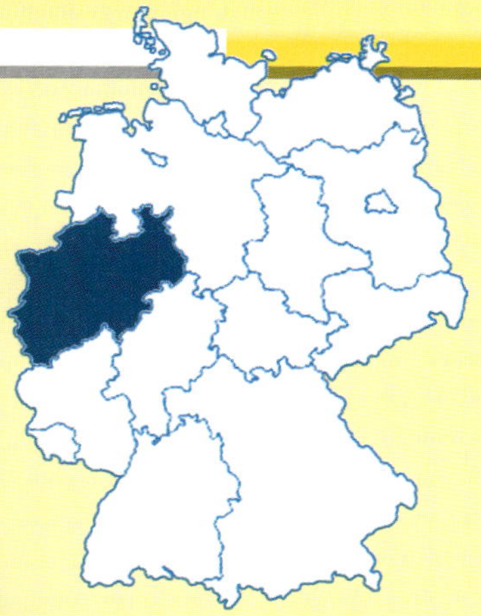

Vorm Kölner Dom

Auf der Domplatte vor der dritthöchsten Kirche der Welt zeigen Inliner und Skateboarder ihre neuesten Tricks.

Karneval am Rhein

„Alaaf" und „Helau" – von Weiberfastnacht bis Aschermittwoch steht die rheinische Welt auf dem Kopf. Es ist Karneval, und alle feiern in witzigen Kostümen!

Astronomische Uhr

Im Münsteraner St.-Paulus-Dom schlägt eine Uhr, die nicht nur die Zeit anzeigt. Der Betrachter kann auch den aktuellen Stand des Mondes und der Planeten ablesen.

? Wer wurde bei der Schlacht besiegt, an die das Hermanns-denkmal erinnert?

1. Externsteine im Teutoburger Wald
2. Dom zu Münster
3. Wasserburg Vischering im Münsterland
4. Sparrenburg in Bielefeld
5. Kohlebergbauer im Schacht
6. Möhnetalsperre im Sauerland
7. Schwebebahn in Wuppertal
8. Rheinturm in Düsseldorf
9. Klingenstadt Solingen
10. Mönchengladbacher Münster
11. Atta-Höhle in Attendorn im Sauerland
12. Kölner Dom
13. Druidenstein bei Siegen
14. Drachenfels im Siebengebirge
15. Neandertal bei Mettmann
16. Aachener Dom
17. Wasserburg Satzvey in Mechernich

Hessen

Hessen ist das waldreichste Bundesland und bietet Wanderwege mit insgesamt über 40 000 Kilometern Länge. Sie führen durch Mittelgebirge wie den Vogelsberg, das größte deutsche Vulkangebiet. Ob Weinfest, Filmfestival oder Konzerte – in der Landeshauptstadt Wiesbaden ist immer etwas los. Die größte Stadt ist jedoch Frankfurt am Main. Im wichtigsten Verkehrsknotenpunkt haben viele Banken und die Deutsche Börse ihren Sitz.

Hoher Dom zu Fulda
Auf den Ruinen einer zerstörten Kirche entstand das Wahrzeichen von Fulda. Direkt gegenüber wohnt der Bischof.

documenta
Alle fünf Jahre findet in Kassel die bedeutendste Ausstellung moderner Kunst statt. 100 Tage lang kommen Besucher aus der ganzen Welt dorthin.

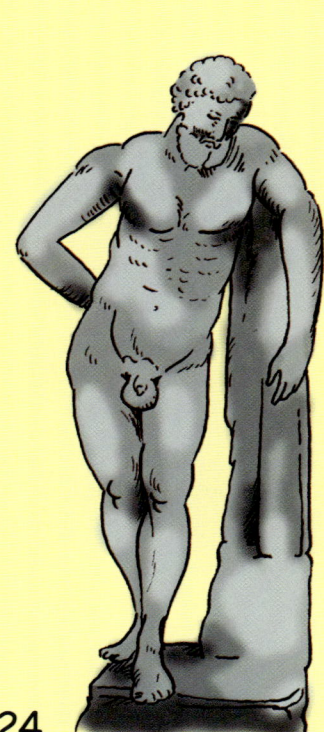

Im Bergpark
Nicht zu übersehen ist das 70 Meter hohe Herkulesdenkmal auf Kassels Wilhelmshöhe. Von ihm aus führt ein langer Wasserfall in den Park.

Der größte deutsche Flughafen

Auf dem Frankfurter Flughafen starten und landen jeden Tag Hunderte von Flugzeugen. Im Keller gibt es sogar eine Disko.

Mainhattan

Jede Menge Wolkenkratzer stehen im Bankenviertel von Frankfurt und sehen fast wie der New Yorker Stadtteil Manhattan aus. Weil die Börsenstadt am Main liegt, bekam sie ihren Spitznamen Mainhattan.

Der Römer

Das Rathaus in Frankfurt besteht aus drei einzelnen Häusern. Das mittlere hieß früher „Zum Römer" – daher der ungewöhnliche Name.

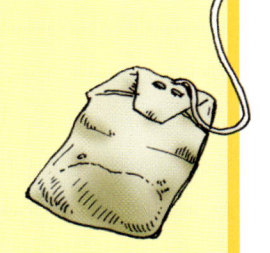

Die Wasserkuppe ist der höchste Berg in Hessen. Dort starten viele Segelflieger. Lass doch mal so ein Ultraleichtflugzeug in deinem Wohnzimmer fliegen. Entferne von einem Teebeutel die Schnur und die Klammer. Um den Tee auszuschütten, trennst du vorsichtig die Naht. Streiche das Papier glatt und falte es an beiden Längsseiten nach oben. Nun kann dein Flieger starten – einfach loslassen. Gibt es Modelle, die noch besser gleiten?

Hochzeitsturm

Zu seiner Hochzeit bekam der Großherzog Ernst Ludwig einen Turm von den Bürgern Darmstadts geschenkt. Heute ist er ein beliebter Ort für Trauungen.

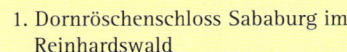

1. Dornröschenschloss Sababurg im Reinhardswald
2. Fachwerkrathaus von Melsungen
3. Schloss Arolsen
4. „Der Himmelsstürmer" in Kassel
5. Elisabethkirche in Marburg
6. Frankenberger Rathaus
7. Gleitschirmflieger auf der Wasserkuppe
8. Pellkartoffeln mit Grüner Soße und Äbbelwoi
9. Wetzlarer Dom

10. Alte Lahnbrücke und Limburger Dom
11. Skyline von Frankfurt
12. Fastnachtsitzung
13. Hessisches Staatstheater in Wiesbaden
14. Opelwerke in Rüsselheim
15. Burg Frankenstein bei Darmstadt
16. Hochzeitsturm in Darmstadt
17. Limesturm
18. Diebsturm in Michelstadt
19. Kloster Lorsch

Thüringen

Etwas nördlich vom thüringischen Niederdorla befindet sich das geografische Zentrum Deutschlands. Oft wird Thüringen auch als „grünes Herz" bezeichnet, weil es dort so weite Wälder gibt. Viele Urlauber kommen im Sommer zum Wandern und im Winter zum Skifahren in den Thüringer Wald. In der Altstadt der Landeshauptstadt Erfurt sieht es fast wie im Mittelalter aus – bezaubernde Häuschen reihen sich um den herausragenden Dom.

Krämerbrücke

Nördlich der Alpen gibt es nur eine Brücke, auf der Häuser stehen – und zwar in Erfurt. Auf der Krämerbrücke wohnen Handwerker und Künstler in kleinen Fachwerkhäusern.

Lichtstadt Jena

Seit über 100 Jahren entstehen in Jena Brillengläser, Fernrohre und Mikroskope. Zu den neuesten Entwicklungen gehören feine Instrumente für medizinische Operationen: Laser.

Gartenzwerge

Bei Wind und Wetter stehen sie lächelnd im Garten. Die ersten Gartenzwerge wurden in Gräfenroda hergestellt.

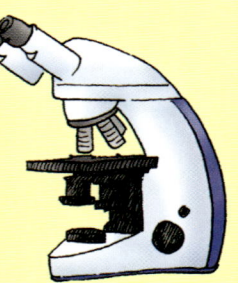

Nordhausen

Heiligenstadt

Sondershause

Mühlhausen

2

6

Niederdorla

Uns

Kreuzburg

5

Eisenach

Gotha

1

Werra

Trusetal

Oberhof

11

13

Meiningen

16

Nach welcher Sehenswürdigkeit wurde ein Auto benannt?

Wartburg

Esel tragen Kinder den steilen Weg zur Wartburg bei Eisenach hinauf. Sie wurde vor fast 1000 Jahren gebaut und nie erobert! Nach ihr wurde auch mal ein Auto benannt.

Hörselzwerge

Laut einer Sage aus dem Werratal wohnten Wichtel unter einem Pferdestall. Sie halfen dessen Besitzer im Haushalt und brachten ihm Reichtum.

Flößen

Auf aneinander gebundenen Baumstämmen fahren Flößer über die Saale. So transportierten sie früher das Holz. Heute ist die Floßfahrt eine unterhaltsame Touristenattraktion.

Skat

In Altenburg wurde das Kartenspiel Skat erfunden. Bei Streitfällen tagt dort das weltweit einzige Skatgericht.

thäuser

④

③ Weimar ⑧
ERFURT

⑩
Jena

⑦ Altenburg

⑮

Gera

⑭

Rudolstadt

Saalfeld

⑱
Schleiz

⑫

⑰

Bleiloch-
talsperre

Lauscha

Sonneberg

⑲

Ilm

Saale

1. Wartburg bei Eisenach
2. Werrabrücke bei Creuzburg
3. Erfurter Dom
4. Barbarossa im Kyffhäuser
5. Hörselzwerge im Werratal
6. Thüringer Rostbratwurst
7. Schloss Altenburg
8. Goethes Gartenhaus in Weimar
9. Schloss Friedenstein in Gotha
10. JenTower in Jena

11. Trusetaler Wasserfall
12. Wanderer auf dem Rennsteig im Thüringer Wald
13. Wintersportzentrum in Oberhof
14. Aussichtsturm auf dem Kickelhahn bei Ilmenau
15. Thüringer Bauernhäuser in Rudolstadt
16. Südthüringisches Staatstheater in Meiningen
17. Burgruine „Hoher Schwarm" in Saalfeld
18. Schloss Burgk bei Schleiz
19. Glasmacher in Lauscha

Sachsen

Aus Sachsen kommen viele handgearbeitete Produkte: Im Vogtland entstehen Musikinstrumente, im Erzgebirge Weihnachtsschmuck und in Meißen weltberühmtes Geschirr. Die Landeshauptstadt Dresden ist das kulturelle Zentrum des Bundeslandes. Die Gemäldegalerie „Alte Meister" im Zwinger zeigt Kunstwerke von außerordentlichen Malern wie Tizian und Rembrandt. Mit einem Schaufelraddampfer können Besucher die Elbe rauf und runter fahren.

Automobilwirtschaft

Seit über 100 Jahren werd[en] in Zwickau Autos gebaut. Dieser Trabant 601 stamm[t] aus dem Jahr 1982.

Im Elbsandsteingebirge

Die schroffen Felsen der „Sächsischen Schweiz" sehen seltsam und fantastisch aus. Urlauber kommen zum Klettern und Wandern her.

Frauenkirche

Erst 2005 wurde der Wiederaufbau der Dresdner Frauenkirche beendet. Vorher erinnerte die Ruine an den Zweiten Weltkrieg.

Erzgebirgische Kunst

Die Handwerker im Erzgebirge stellen kunstvollen Weihnachtsschmuck her. Nussknacker, Räuchermännchen und Schwibbogen sind weltweit bekannt.

Torgau
Elbe
Mulde
① Leipzig
Pleiße
Döbeln
⑨
⑬
Chemnitz
⑯ Zwickau
⑭
Annaberg-Buchholz
⑮
Plauen ⑰

Dresdner Stollen

Die Form dieses Weihnachtskuchens soll an das in ein Tuch gewickelte Christkind erinnern. Damit auch die Farbe passt, wird er mit weißem Puderzucker bestreut.

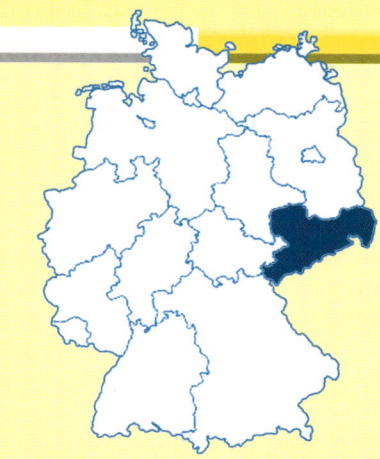

Meißener Porzellan

In Meißen wurde das Porzellan erfunden. Seitdem entsteht dort handbemaltes Geschirr – erkennbar an den beiden gekreuzten Schwertern.

Oberlausitz

Spree

Hoyerswerda

18

6

Coswig

Radeberg

Pulsnitz

7

Bautzen

Görlitz

8

5

DRESDEN

4

Pirna

10

12

Elbsandstein-gebirge

11

Erzgebirge

Mit einem Nussknacker aus dem Erzgebirge kannst du Haselnüsse knacken und daraus einen leckeren Kuchen backen. Verrühre zuerst 125 g weiche Butter, 200 g Zucker und 3 Eier. Dann gibst du 250 g Mehl, 100 g Haselnüsse und ½ Päckchen Backpulver dazu, zum Schluss noch 200 ml Milch. Fülle alles in eine Form und lass den Kuchen bei 180 Grad etwa 50 Minuten lang backen.

Thomanerchor

Ausschließlich Jungen dürfen in den Thomanerchor. Die 90 Sänger wohnen zusammen im Internat, geben weltweit Konzerte und singen dreimal in der Woche in der Leipziger Thomaskirche.

1. Völkerschlacht-Denkmal in Leipzig
2. Meißener Porzellan
3. Michaeliskirche in Bautzen
4. Semperoper in Dresden
5. Schifffahrt auf der Elbe
6. Moritzburg bei Coswig
7. Wasserpumpwerk „Alte Wasserkunst" in Bautzen
8. Justitia in Görlitz
9. Burg Kriebstein bei Waldheim
10. Marktplatz zu Pirna
11. Dom St. Marien zu Freiberg
12. Festung Königstein im Elbsandsteingebirge
13. Karl-Marx-Denkmal in Chemnitz
14. Schloss Augustusburg bei Chemnitz
15. Göltzschtalbrücke bei Mylau
16. Trabant aus Zwickau
17. Friedensbrücke bei Plauen
18. Pulsnitzer Pfefferkuchen

Rheinland-Pfalz und Saarland

Die Römer gründeten viele Städte in Rheinland-Pfalz, unter ihnen auch die Landeshauptstadt Mainz. Rebstöcke prägen die Landschaft rund um Rhein und Mosel. Aus ihren weißen und roten Trauben entstehen Wein, Sekt und Saft.

Die Hauptstadt des winzigen Saarlandes ist Saarbrücken. Erst acht Jahre nach der Gründung der Bundesrepublik Deutschland wurde es zum Bundesland. Wegen seiner Nähe zu Frankreich tragen dort viele Menschen französische Namen.

Mäuseturm
Angeblich gab vor langer Zeit ein Bischof den Hungrigen kein Essen. Zur Strafe wurde er in diesem Turm auf einer kleinen Rheininsel von Mäusen aufgefressen.

Narren
Die närrische Zeit beginnt in Mainz mit Prunksitzungen im Saal und endet mit dem lustigen Rosenmontagsumzug auf der Straße.

Marksburg
Eine echte Reise ins Mittelalter ermöglicht die Marksburg am Rhein bei Braubach. Sie wurde nie zerstört und sieht noch genauso aus wie vor 600 Jahren.

Neu
Mayen
②
①
Eifel
Prüm
Daun
Cochem
⑤
⑥
Hunsrück
Bitburg
Mosel
Idar
Oberst
Trier ⑨
Saar
Mettlach
⑮
Dillingen ⑰ Neunkirchen
Homburg
Saarlouis ⑭ St. Ingbert
Völklingen
SAARBRÜCKEN Blies-
kastel
⑱ ⑲

Saarschleife bei Mettlach
Der Flusslauf macht einfach kehrt – an der Schleife fließt die Saar zweimal, und zwar direkt nebeneinander.

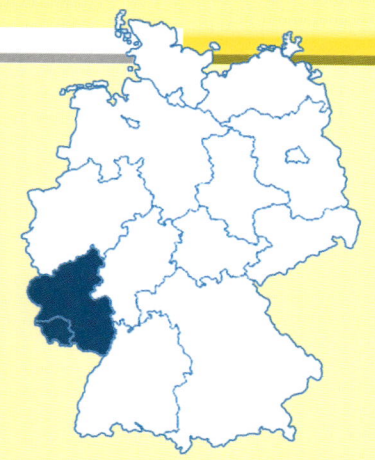

In Rheinland-Pfalz gibt es mehrere Kaiserdome. Wo?

?

Westerwald

Montabaur

Bad Ems

blenz

Lahn

Braubach

nkt hausen

③

④

⑦

MAINZ

Bingen

Alzey

⑧

Schlossberghöhlen in Homburg
Gelb, rot und orange sind die Wände der größten Buntsandsteinhöhle Europas. Das unterirdische Labyrinth diente früher den Bewohnern des darüber stehenden Schlosses zur Verteidigung.

Mainzer Dom
Ungewöhnlich: Rund um den Dom stehen Wohn- und Pfarrhäuser. Sechs Kaiser erhielten dort ihre Krone, unter anderem Philipp von Schwaben, der jüngste Sohn Barbarossas.

Worms

⑩

⑪

isers-lautern

Ludwigs-hafen

⑫ Speyer

Pfälzer Wald

asens

Landau

⑬

Villeroy & Boch
Das Familienunternehmen stellt in Mettlach edle Keramikwaren für Küche und Bad her, z B. eine Toilette, die nie stinkt.

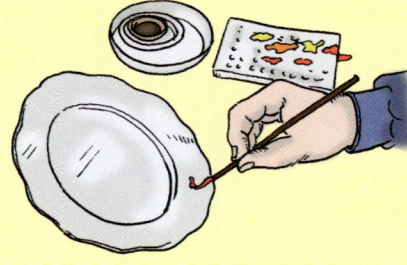

1. Nürburgring in der Eifel
2. Abtei Maria Laach bei Mayen
3. Marksburg bei Braubach
4. Loreleyfelsen am Rhein bei St. Goarshausen
5. Salvatorbasilika in Prüm
6. Reichsburg in Cochem
7. Chagall-Fenster in der St. Stephan-Kirche in Mainz
8. Mäuseturm bei Bingen
9. Porta Nigra in Trier

10. Brückenturm in Worms
11. Fritz-Walter-Stadion in Kaiserslautern
12. Kaiserdom zu Speyer
13. Pfälzer Fleischwurst
14. Saardom in Dillingen
15. Wasserturm der Eisenhütte Neunkirchen
16. St. Michael in Homburg
17. „Großer Stiefel" bei St. Ingbert
18. Saarländisches Staatstheater in Saarbrücken
19. Menhir Gollenstein bei Blieskastel

Bayern

Bayern ist das größte und reichste Bundesland. Alte Bräuche werden dort besonders gründlich gepflegt – so auch das Oktoberfest in der Landeshauptstadt München. Zu dem riesigen Jahrmarkt reisen jedes Jahr Millionen von Besuchern aus der ganzen Welt an. Von dort aus ist es nicht mehr weit bis in die Alpen, die im Winter meterhoch mit Schnee bedeckt sind. Im Sommer erholen sich viele Urlauber an den Voralpen-Seen oder im Naturschutzgebiet des Bayerischen Walds.

Höchster Berg

Mit 2962 Metern ist die Zugspitze bei Garmisch-Partenkirchen der höchste Berg in Deutschland. Wer nicht gern wandert, nimmt einfach die Zahnradbahn nach oben. Von November bis Mai liegt dort ausreichend Schnee für Skifahrer und Snowboarder.

Automobilindustrie

Die Bayerischen Motoren Werke, kurz BMW, bauen nicht nur schicke Autos, sondern auch Motorräder, Motoren und Fahrräder. Ihr Hauptsitz befindet sich in München, das größte Werk in Dingolfing.

Frauenkirche

86 Stufen führen in den Südturm der Münchner Frauenkirche. Bei klarem Wetter reicht der Blick von dort oben bis in die Alpen.

Bauern in den Alpen

Schon um 5 Uhr morgens beginnt im Sommer der Tag für die Bergbauern. Sie stellen cremige Butter, würzigen Käse und leckeren Speck her.

Coburg

Bad Staffelstein

Aschaffenburg

Main

Bamberg

Würzburg

5

6

Erlangen

Fürth

Nür

Rothenburg ob der Tauber

8

10

Donauwörth

Lech

16

Neu-Ulm

Alpen

Augsburg

Iller

Memmingen

12

Amm

Allgäu

Kempten

Steinga

3

Füssen

Gar Par kir

Fußballstars

Die Allianz-Arena in München kann ihre Farbe ändern – je nachdem, welcher Verein dort spielt. Beim FC Bayern München leuchtet das moderne Stadion rot.

Almabtrieb

Die Kühe verbringen den Sommer weidend auf Bergwiesen, den sogenannten Almen. Im Herbst werden sie ins Tal gebracht und überwintern in Ställen.

Bierbrauer

Aus Gerste, Hefe und Wasser wird in ganz Bayern Bier gebraut. Seinen herben Geschmack und den festen Schaum bekommt es durch den Hopfen.

In Bayern steht ein berühmtes Marionettentheater: die Augsburger Puppenkiste. Für deine eigene Puppe zerknüllst du eine Zeitungsseite zu einer Kugel. Diese legst du in die Mitte eines etwa 50 x 50 cm großen Stoffstücks. Unterhalb der Kugel bindest du den Stoff zusammen. Klebe Knöpfe und Wolle als Gesicht und Haare auf den Kopf. Durch die Kugel ziehst du eine Schnur und knotest sie an einem Stock fest. Das Gleiche machst du an den Stoffenden. Fertig!

1. Almabtrieb in den Alpen
2. Olympiastadion in München
3. Schloss Neuschwanstein bei Füssen
4. Weißwürste mit süßem Senf
5. Bamberger Reiter
6. Würzburger Residenz
7. Kaiserburg in Nürnberg
8. Rödertor in Rothenburg ob der Tauber
9. Walhalla bei Regensburg
10. Archaeopteryx-Funde auf der Fränkischen Alb
11. Dom St. Stephan in Passau
12. Wieskirche bei Steingaden
13. St. Bartholomä in Berchtesgaden
14. Veste Coburg
15. Steinerne Brücke in Regensburg
16. Augsburger Rathaus
17. Richard-Wagner-Festspiele in Bayreuth
18. Gnadenaltar in der Basilika Vierzehnheiligen bei Bad Staffelstein
19. Hopfenanbau in der Hallertau

Baden-Württemberg

In Baden-Württemberg liegt die sonnenreichste Stadt Deutschlands: Freiburg. Sogar die Beleuchtung des örtlichen Fußballstadions wird von Sonnenenergie erzeugt. Rund um die Landeshauptstadt Stuttgart gibt es viele Fabriken. Dort entstehen die weltbekannten Autos von Porsche, Mercedes und Audi. Bis in die Schweiz erstreckt sich ganz im Süden der Bodensee. Aufgrund seiner Größe wird er auch als „Schwäbisches Meer" bezeichnet.

Die größte Kuckucksuhr der Welt

Kuckuck, Kuckuck ... einmal in der Stunde schaut ein Vogel aus dem kleinen Fenster und verkündet die Uhrzeit. In Triberg im Schwarzwald steht eine haushohe Kuckucksuhr. In ihrem Innenraum können Besucher das riesige Uhrwerk betrachten.

Altes Schloss

Im Zentrum von Stuttgart steht das Landesmuseum Württemberg. Es befindet sich in einem ehemaligen Schloss.

Blumeninsel Mainau

Durch das milde Klima wachsen auf der kleinen Insel im Bodensee sogar Palmen und exotische Orchideen. Die Gärtner einer echten Grafen-Familie pflegen die farbenprächtigen Pflanzen.

Universitätsstädte

Ob Medizin, Philosophie oder Archäologie – in Tübingen und Heidelberg können Studenten fast alles lernen. Dafür sind beide Städte seit über 600 Jahren bekannt.

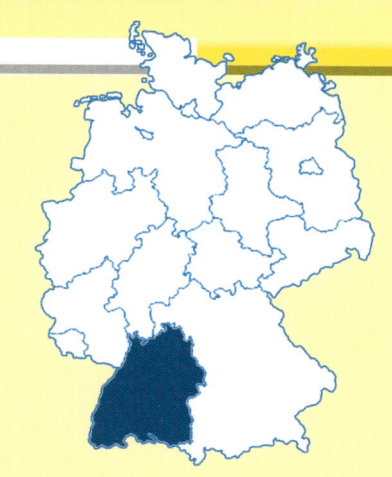

Was wird rund um Stuttgart hergestellt?

Der höchste Kirchturm der Welt

Der Kirchturm des Ulmer Münsters ist mit seinen 161,53 Metern der höchste der Welt. 768 Stufen führen hinauf zu einer Aussichtsplattform.

Schwarzwälder Tracht

Die Bollenhüte tragen die Frauen zu ihrer Tracht nur bei besonderen Anlässen. Sind die elf Wollkugeln schwarz, ist die Frau verheiratet, sind sie rot, ist sie noch ledig.

Burg Hohenzollern

Aus dem Hause Hohenzollern kamen bis vor 100 Jahren noch echte Kaiser. Ihr Stammsitz auf der Schwäbischen Alb kann von jedem besichtigt werden.

1. Mercedes-Benz in Sindelfingen
2. Burg Hohenzollern auf der Schwäbischen Alb
3. Ulmer Münster
4. Pfahlbauten am Bodensee
5. Schwarzwälder Kirschtorte
6. Stuttgarter Fernsehturm
7. Die Sieben Schwaben
8. Großes Fass in Heidelberg
9. Schloss Bruchsal

10. Bundesverfassungsgericht in Karlsruhe
11. Residenzschloss Ludwigsburg
12. Kurort Baden-Baden
13. Kloster Maulbronn
14. St. Johannis in Schwäbisch-Gmünd
15. Schwabentor in Freiburg
16. Schloss Sigmaringen
17. Tübinger Rathaus

Tiere und Pflanzen

Bunte Vögel, grüne Blätter – ohne Pflanzen und Tiere wäre es in der Natur ganz schön eintönig. Überall sieht sie anders aus: Am Bach wächst Mädesüß, auf der Wiese tummeln sich Schmetterlinge, im Wald wachsen Bäume hoch empor, und das Meer spült Muscheln an den Strand. Da sind die Brombeersträucher, an denen man sich am Wegrand bedienen kann. Und die frechen Spatzen, die sich manchmal sogar bis auf den Cafétisch vorwagen. Schau genau hin, und du entdeckst sogar noch mehr!

Achtung: giftig!

Der Eisenhut ist die giftigste Pflanze Europas. Schon das Schlucken eines Blattes kann einen Menschen töten! Die Pflanze steht bei uns unter Naturschutz, weil sie so selten ist. Also: Am besten gar nicht erst anfassen.

Heckenrose

Die Blüten dieser wilden Rose riechen ein bisschen nach Himbeeren. Ihre Samen verstecken sich in den Hagebutten und jucken auf der Haut. Du findest sie fast überall.

Windflüchter

Wenn der Wind immer von einer Seite weht, dann wachsen die Baumkronen eben in die andere Richtung. An der Ostseeküste auf dem Darß und im Schwarzwald auf dem Schauinsland stehen besonders viele Windflüchter.

Seehunde

Diese Robbenart lebt in der Nordsee und auf den Sandbänken des Watts. Im Sommer bringen die Seehunde dort auch ihre Jungen zur Welt.

Bergsteiger

Die Hufe von Gämsen sind innen weich wie Gummi und außen hart. So klettern die rehgroßen Tiere problemlos durch die steinige Landschaft der Alpen.

Unter Tage

Kräftige Schaufeln an den Vorderbeinen helfen dem Maulwurf beim Graben seiner unterirdischen Gänge. Den überschüssigen Sand schiebt er einfach nach draußen. So entstehen Maulwurfshügel.

Trickreich

Von einer leuchtend gelben Blüte wird der Löwenzahn zur Pusteblume. Sie enthält die Samen, welche durch den Wind weitergetragen werden. Wo sie landen, wachsen neue Blumen.

Bärlauchbrot

Von April bis Juni blüht der Bärlauch und verbreitet einen leichten Knoblauchgeruch. Seine Blätter kannst du essen. Verrühre zum Beispiel 230 g gehackten Bärlauch mit 100 g weicher Butter, der geriebenen Schale einer halben Zitrone, Salz und Pfeffer. Die selbstgemachte Bärlauchbutter schmeckt auf frischem Brot besonders lecker.

Pflanzen
1. Stranddistel
2. Gänseblümchen
3. Strandhafer
4. Erika
5. Mohn
6. Kastanie
7. Fliegenpilz
8. Tanne
9. Klee
10. Seerose
11. Enzian
12. Edelweiß

Tiere
13. Silbermöwe
14. Sandklaffmuschel
15. Strandkrabbe
16. Laubfrosch
17. Storch
18. Fischadler
19. Heidschnucke
20. Feldhase
21. Hirsch
22. Kleiner Fuchs
23. Biber
24. Eichhörnchen
25. Wildschwein
26. Buchdrucker
27. Kuckuck
28. Fuchs
29. Wasserfrosch
30. Murmeltier

Ausflugstipps

Es gibt viel zu entdecken – fahr doch mal hin! Im Berliner Museum für Naturkunde kannst du das größte Dinosaurier-skelett der Welt betrachten. Oder wie wär's mit einem Ritt auf einem Pony durch Hagenbecks Tierpark in Hamburg? Freizeitparks wie den Heide-Park Soltau gibt es sicher auch in deiner Nähe, nur sind die Achterbahnen dort vielleicht nicht ganz so schwindelerregend.

Universum Science Center in Bremen

Wie ein Riesenwal taucht das Universum Science Center aus dem Wasser. In seinem Innern können Besucher die Welt und sich selbst erkunden.

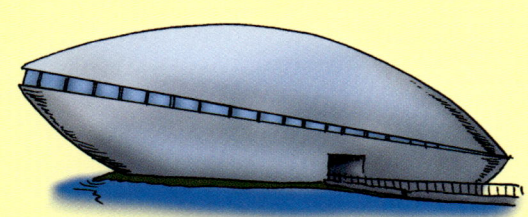

Filmpark Babelsberg bei Potsdam

Film und Fernsehen zum Anfassen: Ohne sich zu verletzen zeigen Stuntmen atemberaubende Tricks. In der Mittelalterstadt treibt sich ein Vampir herum, und ein U-Boot geht auf Tauchstation.

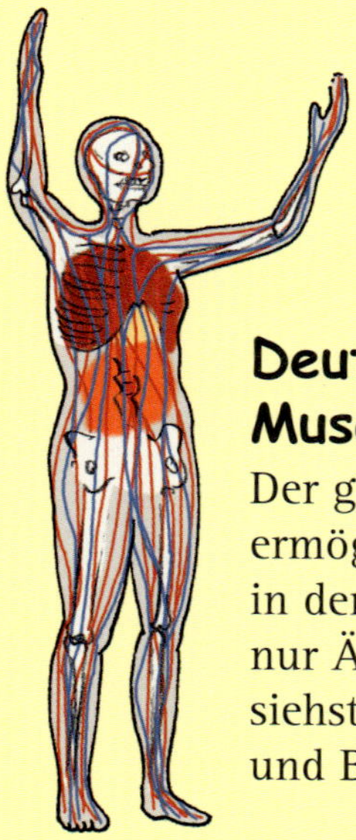

Deutsches Hygiene-Museum in Dresden

Der gläserne Mensch ermöglicht einen Blick in den Körper, den sonst nur Ärzte bekommen: Du siehst Knochen, Organe und Blutgefäße.

Saurierpark in Kleinwelka

Die wahrscheinlich schärfsten Zähne der Welt stecken im Maul eines Tyranno-saurus Rex. So groß wie vor Urzeiten steht er im Wald und scheint gleich los-zujagen!

Haddeby ①

⑥

② Hamb

Hodenha

⑪ Xanten

⑫

Oberhausen

⑬ Brühl

⑮ Neu-Anspach

⑳ Gerolstein

Frankfurt

⑭

Völklingen ㉑

㉒ Ludwigsburg

Stuttga

㉓

Immer

Phänomania in Suhl

Ob beim Astronautentraining oder beim Anheben eines Autos mit einer Hand – spielerisch erfahren Kinder hier, wie die Welt funktioniert.

Deutsches Museum in München

Technische Meisterwerke zum Anfassen, eine Gitarre zum Drinsitzen, Strom zum Selbermachen und vieles mehr bietet eines der weltweit größten naturwissenschaftlichen Museen.

Karl-May-Spiele in Bad Segeberg

Wer kennt sie nicht, die Geschichten von Winnetou und Old Shatterhand? Als actionreiches Theaterstück wird jedes Jahr ein anderes Abenteuer von Karl May auf der Freilichtbühne aufgeführt.

> Wo gibt es das größte Skelett eines Dinosauriers?

1. Wikingermuseum Haithabu
2. Miniaturwunderland in Hamburg
3. Otto-Lilienthal-Museum in Anklam
4. Wisentgehege auf dem Damerower Werder bei Waren
5. Serengeti Park bei Hodenhagen
6. Teufelsmoor bei Bremen
7. Flaeming-Skate® in Luckenwalde
8. Museumsinsel mit sechs Museen in Berlin
9. Schaubergwerk Büchenberg in Elbingerode
10. Salinemuseum in Halle
11. Archäologischer Park in Xanten
12. Rheinisches Industriemuseum in Oberhausen
13. Freizeitpark Phantasialand in Brühl
14. Dialogmuseum in Frankfurt/Main
15. Hessenpark in Neu-Anspach
16. Zeiss-Planetarium Jena
17. Deutsches Goldmuseum in Theuern
18. August Horch Museum in Zwickau
19. Erzgebirgisches Spielzeugmuseum in Seiffen
20. Adler- und Wolfspark Kasselburg bei Gerolstein
21. Völklinger Hütte
22. Märchengarten „Blühendes Barock" in Ludwigsburg
23. Zoologisch Botanischer Garten Wilhelma in Stuttgart
24. Hobbysteinbruch „Untere Haardt" in Solnhofen
25. Alpsee Coaster bei Immenstadt

Große Namen

Deutschland ist nicht nur das Land der Dichter und Denker, sondern auch der Entdecker und Erfinder. Vom Bunsenbrenner bis zum Telefon, vom Kaffeefilter bis zur Currywurst – an Ideenreichtum mangelte es nie. Unvergessen sind auch die großartigen Bauwerke von Karl Friedrich Schinkel, die hinreißenden Erzählungen von Annette von Droste-Hülshoff und die unter die Haut gehende Musik von Georg Friedrich Händel. Sie und viele andere haben viel zur Bekanntheit Deutschlands in der Welt beigetragen.

Jacob und Wilhelm Grimm

Es waren einmal zwei Brüder, die Erzählungen über alles liebten. Sie schrieben sie auf, und ihre Sammlung lebt noch heute: die Märchen der Brüder Grimm.

Albert Einstein

„Wichtig ist, dass man nie aufhört zu fragen!" Unter diesem Motto erforschte der berühmte Wissenschaftler aus Ulm die Welt.

Fraunhofer Institut

MPEG-1 Audio Player 3 oder kurz einfach MP3 – das kleine Dateiformat macht es möglich, dass jeder unterwegs Musik hören kann. Erfunden wurde es in Erlangen.

Sophie Scholl

Gemeinsam mit ihrem Bruder Hans kämpfte die Studentin gegen Hitler und die Herrschaft der Nazis. Sie verteilte in München Flugblätter und wurde dafür 1942 zum Tode verurteilt.

Robert Koch

Der Mediziner aus Clausthal entdeckte die Erreger der damals oft tödlichen Krankheit Tuberkulose. Durch seine Erkenntnisse konnten viele Menschen geheilt werden. Deshalb erhielt er 1905 den Nobelpreis für Medizin.

Albrecht Dürer

Schon mit 13 Jahren zeichnete der Nürnberger Maler seine ersten Bilder. Sie bringen bis heute die Menschen zum Staunen, denn sie sehen fast so echt wie Fotos aus.

Johann Wolfgang von Goethe

Vom Zauberlehrling, Erlkönig und natürlich von der Liebe handeln die Gedichte und Geschichten Goethes. Er wurde in Frankfurt am Main geboren, verbrachte aber die meiste Zeit seines Lebens in Weimar.

1. Thomas und Heinrich Mann, Schriftsteller
2. Max Planck, Nobelpreis für Physik
3. Theodor Storm, Jurist und Dichter
4. Angela Merkel, erste Bundeskanzlerin
5. Otto Lilienthal, Flugpionier
6. Caspar David Friedrich, Maler der Romantik
7. Wilhelm Busch, Autor von „Max und Moritz"
8. Ernst Werner von Siemens, Erfinder und Unternehmer
9. Friedrich der Große, König von Preußen
10. Konrad Zuse, Erfinder des Computers
11. Martin Luther, Kirchen-Reformator
12. Christiane Nüsslein-Volhard, Nobelpreis für Medizin
13. Miele, Haushaltsgerätehersteller in Gütersloh
14. Ludwig van Beethoven, Komponist
15. Wilhelm Conrad Röntgen, erster Nobelpreisträger für Physik
16. Johannes Gutenberg, Erfinder des Buchdrucks
17. Anne Frank, von den Nazis verfolgte Jüdin, bekannt durch ihr Tagebuch
18. Johann Sebastian Bach, Komponist
19. Carl Zeiss, Wissenschaftler und Unternehmer
20. Erich Kästner, Autor von „Emil und die Detektive"
21. Käthe Kollwitz, Künstlerin
22. Nicolaus August Otto, Erfinder des Ottomotors
23. Hildegard von Bingen, heilkundige Nonne
24. Levi Strauss, Erfinder der Jeans
25. „Nürnberger Ei", erste Taschenuhr von Peter Henlein
26. Sisi, Kaiserin Elisabeth von Österreich, geboren in München
27. Friedrich Schiller, Dichter und Dramatiker
28. Gottlieb Daimler und Wilhelm Maybach, Erfinder des Motorrads

Rekorde

In Europa ist Deutschland das Land mit der höchsten Einwohnerzahl. Doch das ist nicht der einzige Rekord.

Der höchste Berg
Erinnerst du dich? Du findest ihn in einem der südlichen Bundesländer.

Der größte und tiefste See
Bodensee – jedoch liegt er nicht vollständig in Deutschland.

Die größte Stadt
Sie ist vom Land Brandenburg umgeben und hat 3,4 Millionen Einwohner. Finde heraus, wie sie heißt!

Der kürzeste Fluss
Pader in Paderborn, 4 Kilometer

Die älteste Stadt
Trier, Gründungszeit nicht genau bekannt, vor ungefähr 2000 Jahren

Die längste Ziegelbrücke der Welt
Göltzschtalbrücke, 574 Meter

Die sonnenreichste Stadt
Weißt du's noch? Dort steht das Schwabentor. Die Sonne scheint durchschnittlich 1800 Stunden im Jahr.

Die verregneteste Stadt
Balderschwang im Allgäu, etwa 2 450 Liter pro Quadratmeter im Jahr

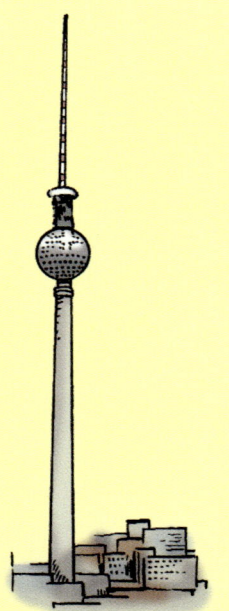

Der höchste Wasserfall
Röthbachfall im Berchtesgadener Land, 470 Meter

Das höchste Gebäude
Es steht in Berlin. Findest du es?

Das höchste bewohnte Haus
Colonia-Hochhaus in Köln, 155 Meter

Die längste Modelleisenbahn
Miniaturwunderland in Hamburg, 110,3 Meter lang

Das größte Bundesland
Im Norden grenzt das 70 548 Quadratkilometer große Bundesland an Thüringen. Suche es!

Die größte Insel
Fällt's dir ein? Sie ist 1000 Quadratkilometer groß und liegt in der Ostsee.

Die längste Höhle
Atta-Höhle im Sauerland, 6700 Meter

Die höchste Staumauer
Rappbode-Talsperre im Harz, 106 Meter

Die höchste Kirche der Welt
Erkennst du sie wieder? Ihr Turm ist 161,53 Meter hoch.

Der längste Autobahntunnel
Rennsteigtunnel im Thüringer Wald, 7 916 Meter

Lösungen zu den Quizfragen

Seite 9: Götterkönig Zeus
Seite 11: München
Seite 14: Land der 2000 Seen oder Meck-Pomm
Seite 19: Stara Darbnja
Seite 20: in Nebra
Seite 23: die Römer
Seite 26: Wartburg
Seite 31: in Mainz und Speyer
Seite 35: Autos
Seite 39: im Berliner Museum für Naturkunde
Seite 41: Händel war Komponist.

Stichwortverzeichnis

Stichwortverzeichnis